Allocations Journalières

(Fonctionnement de la Loi du 5 août 1914)

(ARRÊTÉ AU 15 JUIN 1916)

Qui peut solliciter le bénéfice de l'allocation journalière ? — Toutes les familles dont l'indispensable soutien se trouve mobilisé.

Qui peut l'obtenir ? — Toutes les familles que la mobilisation de leur indispensable soutien a laissées dans la nécessité.

Les Commissions

Les dossiers de demandes d'allocation journalière sont examinés :

1° Par les *Commissions cantonales* qui doivent siéger, tous les huit jours, au chef-lieu du canton.

2° Par les *Commissions d'appel*, qui siègent en permanence, au chef-lieu du département et aux chefs-lieux d'arrondissement.

3° Par la *Commission supérieure* qui siège en permanence à Paris.

Formalités à remplir pour demander l'allocation journalière.

1° COMMISSION CANTONALE

Quand une famille désire solliciter le bénéfice de la loi du 5 août 1914, elle doit adresser au *maire de la commune de sa résidence*, une demande écrite qu'elle dépose au secrétariat de la mairie.

Après avoir recueilli les renseignements nécessaires pour remplir un état de situation de famille (État modèle A) le maire ou son secrétaire transmet le dossier constitué

a) Par la demande de la famille

b) Par l'État modèle A

c) Par le relevé des contributions

d) S'il y a lieu, par toutes pièces annexes établissant les besoins de la famille,

au *Juge de Paix* du canton qui le soumet, dans les huit jours suivant sa réception, à l'examen de la Commission cantonale qui statue.

Après chaque séance de la Commission cantonale, le secrétaire de cette Commission doit aviser les intéressés de la décision motivée prise à leur égard et transmet tous les dossiers au préfet et au sous-préfet.

Celui-ci les fait classer en deux catégories

a) Les demandes admises

b) Les demandes refusées.

A) *Demandes admises*. — Elles sont immédiatement passées aux comptables qui, suivant des règles déterminées, mandatent les sommes accordées *à partir du jour où la demande a été présentée à la mairie.*

A) *Demandes refusées*. — Elles sont classées par communes dans des dossiers spéciaux.

2° COMMISSIONS D'APPEL

La loi du 5 août 1914 permet aux familles d'interjeter appel, c'est-à-dire d'adresser au préfet ou au sous préfet une réclamation contre la décision de la Commission cantonale leur ayant refusé l'allocation.

Cette réclamation doit être établie par écrit et faire ressortir très clairement la situation dans laquelle le départ du mobilisé a laissé le foyer.

La famille peut produire, si elle le juge utile, tout acte notarié ou tout autre document qui pourrait éclairer la Commission d'appel à laquelle le préfet ou le sous-préfet soumet immé-

...ion du *Moniteur des Côtes-du-Nord*

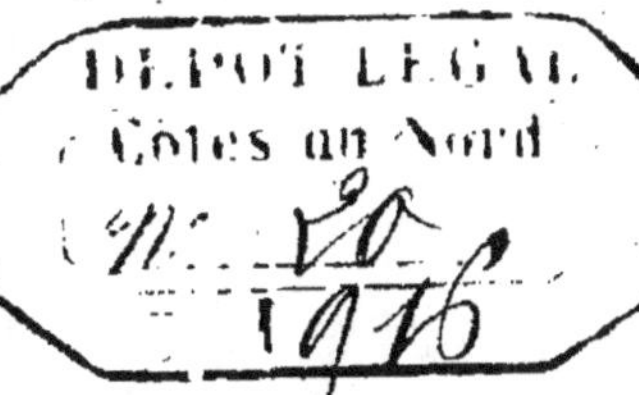

Les Allocations Journalières

(Fonctionnement de la Loi du 5 août 1914)

(ARRÊTÉ AU 1er JUILLET 1916)

PAR P. TARDIVEL

Chef du Bureau militaire à la Préfecture des Côtes-du-Nord.

PRIX : 0 FR. 20

SAINT-BRIEUC

IMPRIMERIE GUYON FRANCISQUE, LIBRAIRE-ÉDITEUR

4, rue Saint-Gilles, 4.

1916

diatement la demande initiale jugée défavorablement par la Commission cantonale.

La Commission d'appel statue sur la réclamation aussi rapidement que le lui permettent les nombreux dossiers qu'elle doit examiner.

Le secrétaire de la Commission d'appel, après chaque séance, informe les intéressés de la décision prise à leur égard et transmet tous les dossiers au bureau des allocations qui en opère le tri suivant les mêmes règles que celles employées pour les dossiers provenus des Commissions cantonales.

3° Commission supérieure

La loi du 5 août 1914 a établi un tribunal suprême pour reviser, sur la demande des réclamants, les dossiers éliminés par les Commissions cantonales et les Commissions d'appel.

Ce tribunal suprême est la Commission supérieure des allocations militaires. Elle siège au ministère de l'Intérieur.

Appel a la Commission supérieure

L'appel ou la réclamation est constitué par une lettre du réclamant au préfet ou au sous-préfet, sur papier libre. Il y expose brièvement sa situation en demandant que son dossier soit transmis à la Commission supérieure à Paris.

La procédure.

Dès la réception de cette lettre, le préfet ou le sous-préfet prescrit une enquête de gendarmerie sur les moyens d'existence de la famille.

Le dossier ainsi complété n'est pas expédié immédiatement à Paris.

Il est *à nouveau* présenté à la Commission d'appel de l'arrondissement qui examine une 2° fois les droits du demandeur à l'allocation.

Si, après ce deuxième examen, la décision n'est pas favorable, cette décision est motivée

par des considérants judicieux et succincts de
la Commission qui les annexe au dossier.

Le dossier est alors adressé à Paris revêtu
de l'avis du préfet ou du sous-préfet.

La famille est informée de la transmission
de son dossier à la Commission supérieure qui
statue dans des délais relativement courts.

Toutefois, comme un fait nouveau peut venir
modifier la situation d'une famille dans l'in-
tervalle de la transmission du dossier à la date
du prononcé du jugement de la Commission
supérieure, cette famille peut, en attendant la
décision et dès l'instant qu'elle a été prévenue
de la transmission de son dossier à Paris,
entrer en instance près de la mairie de sa résidence pour la constitution d'un 2ᵉ dossier,
soumis immédiatement à l'examen de la commission cantonale.

Le point de départ de l'allocation est, le cas
échéant, la date de la 2ᵉ demande à la mairie.

Mais, si la Commission supérieure statuant
sur le 1ᵉʳ dossier fixe ce point de départ à une
date antérieure, tout naturellement la famille
bénéficie de ce jugement favorable.

Au cas où la Commission supérieure, ne
jugeant pas la situation nécessiteuse, n'accor-
derait pas l'allocation, la 1ʳᵉ procédure doit être
considérée comme terminée. Le dossier initial
n'a plus, en ce qui concerne les droits à l'allocation, aucune valeur.

Le paiement des allocations

Les bénéficiaires de la loi du 5 août 1914 sont
payées sur les crédits de la guerre et de la
marine.

Sont payées par la marine les familles des
inscrits maritimes y compris ceux qui, en raison des besoins de la défense nationale, sont
versés dans des régiments d'infanterie, d'ar-
tillerie, etc.

Tous les autres allocataires sont payés par
la guerre.

1° PAIEMENTS PAR LA MARINE

Lorsque la famille d'un inscrit maritime est admise au bénéfice de l'allocation, elle est signalée par lepréfet ou le sous-préfet au chef du service de la solde de l'arrondissement maritime. Le chef dn service de la solde fait établir immédiatement la carte d'admission et la transmet à l'administrateur du quartier où réside la personne désignée pour percevoir l'allocation L'administrateur du quartier, au moyen de la carte d'admission, qui lui donne toutes les indications nécessaires, porte la famille sur ses contrôles de paiement et transmet ensuite la carte au syndic de la marine ou au maire de la commune, qui la transmet à l'intéressé.

Les paiements sont effectués le 5 de chaque mois de deux manières différentes :

Les familles dont la résidence n'est pas éloignée du siège du quartier se présentent, munies de leur carte, chez le trésorier de la marine et sont payées suivant le système dit « à la banque » c'est-à-dire que l'argent leur est versé en présence de l'administrateur ou d'un commis délégué, sans obligation pour elles d'avoir à émarger le contrôle de paiement.

Les familles dont la résidence est éloignée du siège du quartier sont payées par mandats cartes.

2° PAIEMENTS PAR LA GUERRE

Lorsqu'une famille autre que celle d'un inscrit maritime est admise au bénéfice de l'allocation, le préfet ou le sous-préfet la fait inscrire sur la liste des allocataires de sa commune résidence.

Il fait aussitôt établir un certificat d'admission qui est transmis au maire, celui-ci le remet à la personne désignée pour percevoir l'allocation.

Les paiements se font chez le percepteur de la réunion à l'échéance de chaque période de 28 jours, soit 13 fois dans l'année.

Le point de départ de l'allocation

Le point de départ de l'allocation est fixé par la Commission cantonale, la Commission d'appel de l'arrondissement ou la Commission supérieure.

En principe, le point de départ d'une admission à l'allocation doit être fixé au jour de la demande initiale.

(Toutefois les Commissions peuvent fixés en toute liberté un autre point de départ lorsque la situation de la demanderesse ne comportait pas l'admission de sa requête à la date à laquelle elle a été formée et que des enquêtes ou renseignements ultérieurs établissent que cette situation est devenue nécessiteuse par suite de la prolongation de la guerre).

La *Commission supérieure* elle-même, s'est toujours conformée à cette règle lorsqu'elle a eu à se prononcer sur des décisions qui lui paraissaient avoir été injustement ou irrégulièrement rendues par les Commissions locales. Elle ne s'en départit que dans le cas suivant :

« Les demandes, rejetées à bon droit par les
« Commissions locales, paraissent cependant
« devoir être retenues, en raison d'un fait
« nouveau survenu depuis les décisions de
« rejet. Au lieu de renvoyer ces affaires à la
« Commission cantonale, elle les évoque tout
« entières et, basant sa décision sur le fait
« nouveau, elle fait courir le point de départ
« du jour où ce fait nouveau s'est produit. »

Les majorations

Les majorations sont accordées :
1º Au titre d'un père mobilisé ;
2º Au titre d'un fils mobilisé.

1ᵉʳ Cas. — La majoration de 0.50 est due pour chaque enfant de moins de 16 ans à la charge du soutien de famille. Et comme il n'est pas niable qu'un père soit le soutien de ses enfants, les majorations suivent toujours l'allocation prnicipale. Cependant s'il est démontré que l'un ou plusieurs des enfants subviennent à leurs besoins, les Commissions compétentes suivent l'esprit de la loi en n'accordant pas les majorations pour ces enfants.

Voici d'autre part quelle est l'opinion de M. Ministre de l'Intérieur sur la concession des majorations:

« *En ce qui concerne les enfants de moins de* « *13 ans.* — Il ne saurait, en aucun cas, être « tenu compte du produit d'un travail qu'on « ne peut imposer à ces enfants sans violer le « texte et l'esprit des lois scolaires ; les enfants « de cet âge seront donc toujours considérés « comme à la charge des titulaires des alloca- « tions, à moins qu'il ne soit établi qu'en fait « une personne, autre que celle qui touche « l'allocation, a assumé cette charge »,

« *En ce qui concerne les enfants de 13 à 16* « *ans.* — Les Commissions, en appréciant « chaque espèce, devront se rappeler que la « présomption légale est qu'un enfant de moins « de 16 ans est à la charge de ses parents ; « pour détruire cette présomption il faudra, « s'il s'agit d'enfants travaillant hors de leur « famille, prouver que leur gain journalier « suffit à assurer leur entretien.

« S'il s'agit d'enfants vivant avec leur fa- « mille, établir que leur participation aux tra- « vaux et aux bénéfices communs équivaut au « moins à leur part dans les dépenses com- « munes ».

2ᵉ *Cas.* — Lorsqu'il s'agit d'une allocation accordée à des parents pour un fils mobilisé dont les frères et sœurs sont âgés de moins de 13 ou de 16 ans, les majorations ne suivent pas automatiquement l'allocation principale. Chacune d'elle doit être accordée par décision des Commissions compétentes, après examen de la situation de famille.

En effet, si un père mobilisé peut, rationnellement, être considéré comme le soutien de ses enfants au-dessous de 16 ans, il ne peut être admis, *de plano*, qu'un fils mobilisé soit le soutien de ses parents et de tous ses petits frères et sœurs.

Appels pour majorations

Les familles peuvent faire, en ce qui concerne les majorations, devant les Commissions compétentes, les mêmes réclamations que pour l'allocation principale.

De même, si la Commission supérieure n'accorde que cette allocation principale, les familles peuvent, si elles le jugent utile, demander les majorations à la Commission cantonale, et suivre, en cas de rejet, la procédure d'usage.

Paiements par procuration

Lorsque la personne désignée pour percevoir une allocation, ne peut, en raison de son état de santé, se présenter à la caisse du percepteur de la réunion pour toucher les sommes qui lui sont dues, les instructions lui donnent la faculté de donner procuration à une tierce personne.

A cet effet, une formule de procuration est réservée au verso de chaque certificat d'admission.

S'il s'agit d'une allocation accordée au titre d'un inscrit martime, la personne peut se faire payer par mandat-carte.

Mais les paiements par procuration ne sauraient sortir de ce cadre pour s'étendre à des allocataires qu'un motif futile empêcherait de se rendre elle-même à la caisse du percepteur ou du trésorier de la marine. En d'autres termes, sauf des cas *absolument* exceptionnels, seules les personnes malades peuvent se faire payer leurs allocations par l'intermédiaire de mandataires qu'elles auraient désignés.

Changements de résidence

Lorsqu'une allocataire est obligée de quitter sa résidence et de changer d'arrondissement, elle doit, si elle ne veut pas courir le risque de voir ses paiements retardés, en informer le préfet ou le sous-préfet.

Ce dernier lacère son certificat d'admission et lui remet en échange un autre certificat qui, établissant ses droits à l'allocation, lui permet de se faire inscrire sur les listes de sa nouvelle résidence à partir du jour où elle a cessé de se faire payer dans l'ancienne.

S'il s'agit de la famille d'un inscrit maritime, le changement de résidence est opéré par les soins du chef du service de la solde de l'arrondissement maritime.

Transfert d'allocation

Si une allocataire vient à décéder et s'il est nécessaire de désigner une autre personne pour la perception de l'allocation, la famille doit, par l'intermédiaire du maire, adresser une demande de transfert au préfet ou au sous-préfet qui fait prendre la décision par la Commission cantonale.

Classification des familles.

Maintenant que nous avons exposé la procédure à suivre pour solliciter le bénéfice de la loi du 5 août 1914, nous allons étudier les différentes situations où peuvent se trouver les familles par suite de mutations survenues dans l'état militaire de leur indispensable soutien.

Au point de vue de l'allocation militaire, les familles des mobilisés peuvent se diviser en trois grandes catégories savoir :

1re Catégorie

Familles qui doivent, sans aucun doute, percevoir l'allocation si leur situation a été jugée nécessiteuse par les Commissions compétentes.

2° Catégorie

Familles qui *peuvent* continuer à percevoir l'allocation après une nouvelle décision des Commissions en leur faveur.

3e Catégorie

Familles auxquelles l'allocation ne peut être accordée ou auxquelles elle doit être supprimée d'office.

1re Catégorie

Familles des mobilisés.

1° En service aux armées ou dans les dépôts de la zone de l'intérieur appartenant au service armé ou auxiliaire ;
2° Morts pour la France (épouse, ascendants) ;
3° Disparus ;
4° Prisonniers de guerre.

Pour cette catégorie, une seule restriction est à mentionner :

Lorsque la veuve d'un soldat mort pour la France obtient la concession d'une pension, elle doit opter, pendant la durée des hostilités, pour la pension ou pour l'allocation.

Le cumul n'est pas admis.

2e Catégorie

Familles des mobilisés.

1° Réformés N° 1 avec gratification de réforme, soldats retraités, pensionnés pour infirmités ;
2° Réformés N° 2 ;
3° Auxiliaires après blessure de guerre ;
4° Réformés temporaires ;
5° Travaillant pour l'armée.

Analyse des cas de 2ᵉ catégorie.

Nous l'avons dit plus haut, les familles de cette catégorie ne doivent pas continuer à percevoir d'office leurs allocations. D'ailleurs le service du contrôle qui fonctionne dans les préfectures et sous-préfectures ne le permettrait pas.

En ce qui concerne les réformés n° 1 titulaires d'une gratification de réforme et les soldats retraités ou pensionnés, le dossier initial est soumis pour nouvelle décision par le préfet ou le sous-préfet à la Commission cantonale de la résidence, dès que l'Intendance militaire a fait connaître le montant de la gratification de réforme de la pension ou de la retraite qui entre comme élément nouveau dans les ressources de la famille.

Les réformés n° 2, les réformés temporaires, les auxiliaires après blessure de guerre sont signalés par les dépôts des régiments auxquels ils appartiennent, au préfet ou au sous-préfet. Ce dernier, après avis du maire de la commune, soumet le dossier à la Commission cantonale, qui juge si l'état de santé de l'homme lui permet de retrouver ses moyens habituels de production ou si, au contraire, il ne lui est plus possible de subvenir aux besoins de sa famille.

Dans le premier cas elle supprime l'allocation, dans le second, elle la maintient.

La situation des mobilisés travaillant pour l'armée doit aussi faire l'objet d'un nouvel examen.

Si le salaire du mobilisé lui permet de s'entretenir lui-même et d'envoyer en outre des subsides à sa famille, l'allocation est supprimée ; dans le cas contraire, elle est maintenue.

Il va sans dire que les intéressés ont la faculté d'interjeter appel des décisions qui ne leur seraient pas favorables.

3ᵉ Catégorie

Familles des mobilisés

1° En sursis pour le compte d'une industrie privée ;

2° Officier ;

3° Sous-officier à solde mensuelle ;

4° Gendarme auxiliaire ;

5° Mobilisé fonctionnaire d'une administration publique ;

6° Mobilisé appartenant à une administration privée qui lui sert ses appointements ;

7° Libéré comme père de 6 enfants ayant vécu simultanément ;

8° Libéré comme veuf père de 4 enfants vivants.

Analyse des cas de 3ᵉ catégorie.

1° En sursis pour le compte d'une industrie privée. — Il est évident que l'allocation ne peut être payée pendant la durée du sursis, l'employeur devant à l'employé un salaire normal au moins égal à celui au temps de paix.

2° Officier. — *3° Sous-officier à solde mensuelle.* — *4° Gendarme auxiliaire.* — Ces militaires sont considérés comme des fonctionnaires de l'armée et ne peuvent ouvrir pour leurs familles le droit à l'allocation.

Toutefois des dispositions législatives sont à l'étude pour améliorer le sort des gendarmes auxiliaires.

5° Fonctionnaire mobilisé. — Les familles percevant les appointements des mobilisés ne sauraient prétendre à l'allocation.

Il en est de même des mobilisés appartenant à une administration privée servant les appointements de ses employés pendant la durée de la guerre.

6° Libéré comme père de 6 enfants. — *9° Libéré comme veuf père de 4 enfants.* — Rendus à leurs familles, ces militaires doivent sans délai retrouver leurs moyens de production et ne peuvent non plus bénéficier de la loi du 5 août 1914.

Reversements

Dès que le service du contrôle a découvert qu'une famille paraissait avoir touché indûment certaines sommes sur le crédit des allocations militaires, le dossier est immédiatement transmis à la Commission cantonale qui décide s'il y a lieu à reversement.

Dans l'affirmative, le décompte des sommes indûment perçues, établi par le préfet ou le sous-préfet, est transmis au sous-intendant militaire qui poursuit l'ordre de reversement.

Agents départementaux et communaux

Les employés des départements et des communes qui remplissent, non pas un emploi permanent leur assurant une rétribution suffisante pour leur entretien et celui de leur famille, mais des fonctions accessoires qui ne les occupent pas d'une façon permanente et pour lesquelles ils ne reçoivent qu'un salaire de faible importance (appariteurs de mairies, tambours afficheurs, receveur buraliste gérant une recette de petite importance, gardes communaux, cantonniers, peuvent obtenir l'allocation s'il est démontré que le mobilisé était leur soutien de famille.

Antérieurement au 26 juin 1916 ces petits fonctionnaires pouvaient seulement opter entre leur traitement et l'allocation.

Condamnés

Le bénéfice de la loi du 5 août 1914 est maintenu à la famille de tous les condamnés par Conseil de Guerre qui, malgré la condamnation encourue, continnent à servir sous nos drapeaux, au front, ou dans les dépôts de la zône de l'Intérieur.

Déserteurs

Les familles des déserteurs ne doivent continuer à toucher l'allocation que si le condamné a été autorisé à rejoindre son régiment et à combattre pour le pays.

Dans le cas contraire, leurs familles pourront obtenir des secours dans des conditions qui seront ultérieurement fixées.

Engagés spéciaux

Les familles des citoyens français admis à contracter l'engagement spécial prévu par l'art. 4 de la loi du 17 août 1915 et remplissant les devoirs de soutien de famille, peuvent prétendre aux allocations militaires prévues par la loi du 5 août 1914.

Orphelins recueillis

Voici les nouvelles dispositions adoptées en faveur des orphelins au-dessous de 16 ans qui ont été recueillis par des ascendants ou des personnes charitables. L'aîné de ces enfants obtient l'allocation principale de 1.25 et ses petits frères et sœurs les majorations de 0.50.

Antérieurement au 8 mai, tous ces enfants n'obtenaient que les simples majorations de 0.50.

Refugiés

L'allocation militaire et l'allocation des refugiés ne peuvent se cumuler.

En ce qui concerne les familles des mobilisés rapatriées des regions envahies, le montant des allocations qui leur sont dues depuis l'appel de leur soutien sous les drapeaux jusqu'au jour où elles ont été rapatriées sur un autre point du territoire est réservé.

Ce rappel sera fait aux intéressés aussitôt qu'ils seront en mesure, ainsi que l'Administration, de chiffrer la somme qui leur revient.

Les familles reconnues nécessiteuses dans leur nouvelle résidence touchent les allocations militaires à partir du jour où elles ont fait leur demande.

Toutefois, dans des cas exceptionnels, les commissions peuvent accordées *à titre d'avance*, une somme représentant un ou deux mois d'allocation militaire.

Victimes civiles de la guerre

Le bénéfice de la loi du 5 août 1914 est étendu à toute famille nécessiteuse dont le soutien indispensable aura été tué ou emmené en captivité au cours des événements de guerre ou qui, se trouvant en territoire ennemi au moment des hostilités, aura été retenu comme prisonnier.

Il est également étendu aux familles nécessiteuses des marins du commerce privés de leur salaire à la suite de la capture ou de la destruction de leur navire, pour la période comprise entre le jour de cette capture ou destruction et celui de leur débarquement dans un port français.

MODÈLE DE RÉCLAMATION
à la Commission d'appel

.... le ....

Monsieur le (Préfet ou Sous-Préfet),

J'ai été avisée que la demande d'allocation journalière que j'ai formulée à la Mairie de ma commune résidence n'a pas été jugée favorablement par la Commission cantonale de ....

Je crois pourtant me trouver dans les conditions requises pour obtenir cette allocation pour les raisons suivantes :

(EXPOSÉ DES MOTIFS)

Aussi, je vous serais très reconnaissante, Monsieur le (Préfet ou Sous-Préfet), de vouloir bien soumettre mon dossier à l'examen de la Commission d'appel de l'arrondissement de ...., qui, j'ose l'espérer, pourra me donner satisfaction.

Veuillez agréer, Monsieur le ...., l'assurance de mes sentiments respectueux

(Signature et adresse très lisibles)

MODÈLE DE RÉCLAMATION

à la Commission supérieure

.... le ....

Monsieur le (Préfet ou Sous-Préfet),

La demande d'allocation journalière que j'ai formulée à la Mairie de .... n'ayant été agréée ni par la Commission cantonale de .... ni par la Commission d'appel de l'arrondissement de ...., j'ai l'honneur de vous prier de vouloir bien transmettre mon dossier à la Commission supérieure à Paris.

Je me permets de vous rappeler, Monsieur le (Préfet ou Sous-Préfet), que je me trouve dans la situation suivante :

(EXPOSÉ DES MOTIFS)

Veuillez agréer, Monsieur le .... l'assurance le mes sentiments respectueux

(Signature et adresse très lisibles)

TABLE DES MATIÈRES

SAINT-BRIEUC. — TYP. F. GUYON (1916).

www.ingramcontent.com/pod-product-compliance
Lightning Source LLC
LaVergne TN
LVHW050249030726
842520LV00006B/2269